AF555457

LA GUERRE
DE LA PLATA
DEVANT LA CIVILISATION

DOCUMENTS OFFICIELS

Et Extraits de la presse européenne sur le traitement infligé aux prisonniers de guerre.

PARIS
E. DENTU, LIBRAIRE-ÉDITEUR
GALERIE D'ORLÉANS, 17-19 (PALAIS-ROYAL)
—
1866

La presse européenne protestait dernièrement, au nom de la civilisation, contre la conduite barbare tenue dans la Plata par les alliés, c'est-à-dire par les Brésiliens, les Argentins et les Orientaux, à l'égard des soldats du Paraguay faits prisonniers à Uruguayana. Un très-grand nombre de prisonniers ont été incorporés de force dans les armées alliées, et les autres ont été réduits en esclavage.

Cette conduite inqualifiable a tout naturellement donné lieu à une protestation en forme, adressée aux alliés par le gouvernement du Paraguay. M. le président Lopez a déclaré qu'il userait de représailles si, dans un délai d'un mois, il n'était pas mis un terme à cet attentat au droit international.

Le général en chef des alliés n'a répondu qu'en termes évasifs et par des récriminations indéterminées qui laissent subsister l'accusation dans toute sa force. Loin de nier, les alliés se sont attachés à donner une explication qui n'est pas même vraisemblable : les prisonniers paraguayens, au dire des alliés, auraient eux-mêmes demandé à prendre les armes contre leur patrie ! Une pareille imputation n'a pas besoin d'être réfutée.

(C.)

Voici, du reste, ces notes dignes de fixer l'attention de l'Europe :

1° La dépêche adressée par le maréchal Lopez, président du Paraguay, au général Mitre, commandant en chef des alliés ;

2° La réponse du général Mitre.

L'humanité et la civilisation sont ici en cause. L'Europe jugera.

QUARTIER GÉNÉRAL, A HUMAÏTA, 20 NOVEMBRE 1865

A S. Exc. le brigadier général D. Bartolomé Mitre, président de la République argentine, général en chef des armées alliées de cette République, de la République de l'Uruguay et de l'empire du Brésil.

J'ai l'honneur d'adresser à Votre Excellence, en votre qualité de général en chef des armées alliées en guerre avec la République du Paraguay, la présente dépêche.

Dans l'impérieuse nécessité où se trouvent quelquefois les peuples et leurs gouvernements de vider entre eux par les armes les questions qui affectent leurs intérêts vitaux, la guerre a éclaté entre cette République et les Etats dont Votre Excellence commande les armées.

En de telles circonstances, il est d'usage entre nations civilisées d'atténuer les maux de la guerre par des lois spéciales, afin de prévenir les actes de cruauté et de barbarie qui, en déshonorant l'humanité, stigmatisent par une tache indélébile les chefs qui les ordonnent, les autorisent, les protégent ou les tolèrent. C'est ce que j'avais espéré de Votre Excellence et de ses alliés.

Pénétré de ces sentiments et ayant la conscience de ces devoirs, un de mes premiers soins fut d'ordonner la stricte observation de tous les égards auxquels ont droit les prisonniers, à quelque classe qu'ils appartiennent, et en ayant égard à leurs grades. Les prisonniers ont, en effet, joui au Paraguay de toutes les commodités possibles et même de toute la liberté compatible avec leur position.

Le gouvernement de la République a accordé la plus large protection, non-seulement aux citoyens argentins, brésiliens et orientaux, qui se trouvaient sur son territoire ou que les hasards de la guerre avaient placés sous le pouvoir de ses armes, mais il a étendu cette protection jusque sur les prisonniers de guerre.

La stricte discipline des armées paraguayennes dans le territoire argentin et dans les centres de populations brésiliennes le prouvent surabondamment, et je dois même ajouter que les familles et les intérêts des individus qui se trouvaient en armes contre la république ont été respectés et protégés dans leurs personnes et leurs propriétés.

Votre Excellence, cependant, commençait la guerre par des excès et des atrocités, tels que l'emprisonnement de l'agent de la République à Buenos-Ayres, le citoyen Félix Egusquiza ; l'ordre de poursuivre et d'arrêter le citoyen Jose Rufo Caminos, consul général de la République près du gouvernement de Votre Excellence, ainsi que son fils don Jose Félix, qui furent obligés de se réfugier sous le drapeau ami de S. M. britannique ; le séquestre et la confiscation des fonds publics et particuliers de ces citoyens, soit en leur pouvoir, soit en dépôt dans les banques ; l'incarcération du citoyen Cipriano Ayala, simple porteur de dépêches ; l'acte brutal par lequel on a renversé l'écusson des armes nationales du consulat de la République du Paraguay pour le traîner par les rues ; l'acte de fusiller publiquement dans le port du Rosario l'effigie du Président de la République du Paraguay et de lancer dans le Rio Parana cette effigie, ainsi que l'écu national ; l'atroce assassinat commis par le général Caceres, dans le village de Saladas, sur le sous-lieutenant citoyen don Marcelino Ayala, qui, étant tombé blessé en son pouvoir, refusa de tourner son épée contre ses compagnons, et le traitement barbare par lequel ce même général acheva à Bellavista, les jours d'un autre blessé, l'enseigne Faustino Ferreira ; la cruauté avec laquelle ont été égorgés les blessés du combat du Yatay, et l'envoi du déserteur paraguayen Juan Gonzalez avec la mission spéciale et positive de m'assassiner. Tous ces actes n'ont pas suffi à changer ma ferme résolution de ne pas imiter Votre Excellence dans des actes si barbares et si atroces ; et je n'avais jamais pensé qu'on pût encore employer de nouveaux moyens criminels pour ajouter au nombre des atrocités et des infamies qui pendant si longtemps ont déshonoré à la face du monde les perpétuelles guerres intestines du Rio de la Plata.

Je voulais encore espérer que, dans une première guerre internationale comme celle-ci, Votre Excellence saurait faire comprendre à ses subordonnés qu'un prisonnier de guerre ne cesse pas d'être un citoyen de sa patrie, un chrétien, et que, après s'être rendu, il cesse d'être un ennemi ; mais Votre Excellence n'a pas su faire respecter les droits de la guerre et n'a pas su obtenir que les prisonniers fussent pour le moins respectés dans leur triste condition et leurs droits, comme le sont amplement dans cette République les prisonniers de l'armée alliée.

C'est avec le plus profond regret que j'ai à renoncer à ces espérances devant la perspective annoncée d'actes encore plus illégaux, atroces et infâmes qui se commettent envers les Paraguayens qui ont eu le sort fatal de tomber prisonniers entre les mains de l'armée alliée.

Votre Excellence a contraint à prendre les armes contre leur patrie les prisonniers faits dans diverses rencontres des deux forces, et notamment ceux de Yatay, et ceux qui se sont rendus à l'Uruguayana. Vous avez, de cette manière, augmenté par milliers l'effectif de votre armée ; vous en avez fait des traîtres, afin de les priver de leurs droits de citoyens et leur enlever l'espérance la plus éloignée de retourner au sein de leur patrie et de leur famille, soit par un échange de prisonniers, soit par toute autre mesure. Et ceux qui se sont refusés à marcher contre leur pays ont été aussitôt cruellement immolés.

Ceux qui n'ont pas été condamnés à un sort si inique ont servi à des fins non moins inhumaines et répugnantes, puisque en majeure partie ils ont été emmenés au Brésil et réduits en esclavage; et ceux qui, par la couleur de leur peau se prêtaient moins à être vendus, ont été envoyés dans l'État oriental et dans les provinces argentines, et donnés en cadeaux comme des êtres curieux et propres à la servitude.

Ce mépris, non pas seulement des lois de la guerre, mais de celles de l'humanité, cette coercition, aussi barbare qu'infâme, qui met les prisonniers paraguayens entre la mort et la trahison, entre la mort et l'esclavage, est le premier exemple que je connaisse dans l'histoire des guerres, et c'est à V. E., à l'Empereur du Brésil et au chef actuel de la République orientale, que revient l'opprobre d'avoir produit et exécuté tant d'horreurs!

Le gouvernement paraguayen n'a, par aucun de ses actes, avant ou après la guerre, provoqué autant d'atrocités. Les citoyens argentins, brésiliens et orientaux ont eu toute liberté de se retirer avec leurs biens et leur fortune, de la République et du territoire argentin, occupé par ses armées, ou d'y rester selon leur convenance.

Mon gouvernement respectait ainsi les stipulations convenues dans les pactes internationaux pour le cas d'une guerre, sans tenir compte de l'expiration de ces pactes, considérant seulement leurs principes comme d'intérêt permanent, d'humanité et d'honneur national. Il n'oublia jamais non plus le respect de sa propre dignité, la considération qu'il doit à tout gouvernement et au chef de l'État, malgré l'état de guerre actuel, pour tolérer que des insultes fussent adressées à l'emblème des alliés, ou permettre de fusiller l'effigie de Votre Excellence ou de ses alliés, et bien moins encore l'imiterait-il en employant quelque transfuge argentin, oriental ou brésilien pour assassiner les chefs alliés dans leurs campements.

L'opinion publique et l'histoire jugeront sévèrement ces actes.

Les puissances alliées ne font donc pas une guerre comme la déterminent les usages et les lois des nations civilisées, mais une guerre d'extermination et d'horreurs, autorisant et employant les moyens atroces que j'ai dénoncés et que la conscience publique flétrira dans tous les temps comme infâmes.

La guerre ayant été amenée par Votre Excellence et ses alliés à de telles extrémités, usant de mes droits et de l'obligation qui m'incombe comme commandant suprême des armées de la République, je ferai en sorte que Votre Excellence fasse cesser ces actes que ma propre dignité ne me permet pas de laisser continuer, et, à cet effet, j'invite Votre Excellence, au nom de l'humanité et du respect des alliés eux-mêmes, à abandonner une conduite aussi barbare, à rendre aux prisonniers de guerre paraguayens la jouissance de leurs droits de prisonniers, tant à ceux qui sont restés sous les armes, qu'à ceux qui ont été mis en esclavage au Brésil ou réduits à la servitude dans les Républiques argentine ou orientale; à ne renouveler aucun acte d'atrocité; prévenant Votre Excellence que le défaut de réponse de sa part, le maintien des prisonniers dans un service contre leur patrie, disséminés dans l'armée alliée ou en corps spéciaux, l'apparition du drapeau paraguayen dans vos rangs ou une nouvelle atrocité contre les prisonniers, me dispenseraient de toute la considération et de tous les égards que j'ai su avoir jusqu'ici, et quoique avec répugnance, les citoyens argentins, brésiliens et orientaux, soit prisonniers de guerre ou non dans le territoire de la République ou dans les territoires que ses armes pourraient occuper, répondraient par leurs personnes, leurs vies et leurs propriétés aux plus vigoureuses représailles.

Dans l'espoir que Votre Excellence voudra bien me répondre dans le délai de 30 jours au Paso de la Patria, je prie Dieu de garder Votre Excellence de longues années.

FRANCISCO S. LOPEZ.

LE PRÉSIDENT DE LA RÉPUBLIQUE ARGENTINE ET GÉNÉRAL EN CHEF DES ARMÉES ALLIÉES.

Quartier général, devant Bella-Vista, 25 novembre 1865.

A Son Excellence le Président de la république du Paraguay, maréchal D. Francisco S. Lopez.

J'ai reçu la note qu'en ma qualité de général en chef des armées alliées Votre Excellence m'adresse de son quartier général à Humaïta, en date du 20 courant, dans laquelle, après avoir mentionné des faits supposés en désaccord avec les lois de la guerre, perpétrés par les armées alliées sur les prisonniers paraguayens dans le combat de Yatay et la reddition de l'Uruguayana, ainsi que d'autres indiqués par Votre Excellence, vous m'invitez à observer ces lois, me signifiant votre disposition à user de représailles en cas contraire.

Instruit de ladite note de Votre Excellence, il est de mon devoir de lui déclarer en réponse, que tous les faits signalés comme de graves charges contre les sentiments d'humanité et de dignité des armées alliées contre les Paraguayens en armes qui se sont rendus à ses forces, sont les uns totalement faux, et les autres défigurés, ce qui est peut-être dû à des informations passionnées ou supposées qui ont été transmises à Votre Excellence ; et il est triste qu'un moment de réflexion n'ait pas démontré à votre esprit la fausseté de ces informations.

Le gouvernement de ma patrie, ainsi que ceux de l'empire du Brésil et de la République orientale, ayant été mis dans l'impérieux devoir de défendre leur honneur, leur dignité et l'intégrité de leur territoire, traîtreusement attaqués par Votre Excellence, d'une manière inusitée entre pays civilisés; leurs fortifications de terre et les bâtiments de leur flotte ayant été assaillis en pleine paix, sans préalable déclaration de guerre, ce qui donne un caractère de piraterie à de telles agressions, et ayant à sauvegarder de la mort et de la déprédation la plus barbare les vies et les propriétés de leurs nationaux respectifs, tant dans les provinces impériales de Matto-Grosso et de Rio-Grande, que dans la province argentine de Corrientes, les alliés ont tâché de se mettre sur la défensive en observant strictement les prescriptions du droit dans les cas de guerre internationale. Et ils ont agi non-seulement par devoir et par honneur, mais aussi parce qu'ayant envisagé avec indignation et répugnance les violences et les crimes de tout genre commis par les forces de Votre Excellence, dans les villes et sur les autres points des territoires brésiliens et argentins, qui ont eu le malheur d'être occupés momentanément par elles, les alliés ne pouvaient tomber dans le même délit qu'ils vous reprochaient; ils ne pouvaient ni ne devaient présenter devant le monde civilisé et chrétien un autre exemple que celui qu'ils sont accoutumés à donner avec leurs armées qui avaient et ont la noble mission de venger l'honneur national et n'ont pas mission de saccager les villages sans défense et les propriétés particulières, comme l'ont fait les forces de Votre Excellence, depuis qu'elles ont foulé les terres argentine et brésilienne, sur les deux rives de l'Uruguay jusqu'aux villes de l'Uruguayana et de Paso de los Libres, où elles sont parvenues, laissant ces villes et leurs campagnes complétement ravagées, ayant transporté une grande partie du pillage, à la disposition de Votre Excellence, dans le Paraguay, et par son ordre, selon qu'il est démontré par le livre de copie des communications qu'adressait à Votre Excellence le commandant Estigarribia, chef de ces forces paraguayennes, ledit livre original se trouvant au pouvoir du gouvernement du Brésil; en même temps, l'armée que Votre Excellence lança sur cette province de Corrientes et qui atteignit le Paso de Santa-Lucia, a commis des faits plus atroces encore, en enlevant violemment le bétail de milliers d'établissements ruraux, en incendiant les habitations et laissant sans toit ni abri des milliers de familles dans les vastes campagnes qu'elle a désolées, portant son inhumanité, ou pour mieux dire, celle de Votre Excellence, dont on invoquait les ordres à cet effet, jusqu'à la barbarie d'arracher de leurs maisons et de conduire en captivité, au Paraguay, les innocentes épouses et les faibles enfants de chefs, patriotes et vaillants, appartenant à l'armée argentine, qui étaient demeurés sur des points occupés par des forces de Votre Excellence, la croyant capable d'observer ces mêmes prescriptions qu'elle invoque aujourd'hui en faveur des Paraguayens prisonniers, ce qui donne droit de douter de la sincérité de qui les a méconnus, comme l'a fait Votre Excellence à l'égard des femmes et des enfants.

Tous ces actes, qui sont de notoriété publique et évidente, seront une ignominie perpétuelle pour celui qui les a ordonnés, autorisés, ou y a consenti, et, en conséquence, Votre Excellence aura à en répondre pour toujours, non-seulement devant les peuples alliés qui lui font aujourd'hui la guerre, mais devant le monde entier, qui a été unanime pour pousser un cri d'exécration. (*Voir l'Appendice.*)

Après que les combats furent terminés par le triomphe des armes alliées, les blessés et les prisonniers sauvés du conflit ont été les premiers reçus et traités dans les hôpitaux de l'armée, où ils ont reçu les mêmes soins que les blessés appartenant à l'armée alliée ; je pourrais même dire qu'ils ont été plus favorisés et mieux assistés, à cause de la compassion et de la sympathie qu'ils inspiraient naturellement tant par l'état d'abandon où ils se trouvaient que parce qu'on ne pouvait voir en eux que de malheureuses victimes d'un gouvernement mal conseillé, qui les lançait à la mort dans une guerre aussi immotivée qu'injuste, provoquée par une volonté capricieuse et arbitraire.

C'est ainsi que, loin d'obliger les prisonniers à entrer violemment dans les rangs des armées alliées ou de les traiter avec rigueur, ils ont été tous traités non-seulement avec humanité mais avec bienveillance, beaucoup d'entre eux ayant été mis en complète liberté ; d'autres, en nombre considérable transférés dans les villages, et une partie destinés à des services particuliers dans les armées alliées, spécialement dans les hôpitaux de blessés, où ils ont soigné leurs propres compagnons. *Il est certain que beaucoup d'entre eux ont été incorporés dans les armées alliées*, mais ç'a été par leur volonté propre parce qu'ils l'ont sollicité, grâce qu'on ne devait pas leur refuser lorsque leurs compatriotes paraguayens émigrés sur le territoire des nations alliées avaient demandé spontanément de s'armer en cette qualité et qu'on leur avait reconnu ce droit (1).

Telles sont les principales charges que contient la note de Votre Excellence. — Ce qui vient d'être exposé suffit non-seulement pour les faire évanouir, mais pour les faire retomber sur qui il appartient l'immense responsabilité des faits de barbarie qui, par malheur, ont été commis dans la présente guerre. Je pourrais faire de même des faits isolés dont Votre Excellence s'occupe, mais la fausseté des uns et l'inexactitude des autres sont si notoires, qu'il est inutile de prendre la peine de les réfuter, et surtout nous trouvant en guerre ouverte, et les armes devant décider de la question, Votre Excellence comprend bien que ce n'est pas le moment opportun des récriminations, et que l'on ne pourrait faire autrement que d'entrer sur ce terrain si l'on devait répondre aux autres charges de Votre Excellence.

J'ajouterai pour terminer que je ne parviens pas à comprendre comment Votre Excellence peut avoir ajouté foi au dire du déserteur paraguayen Juan Gonzalez, si jamais ce déserteur a existé, et il est pénible pour l'honneur de Votre Excellence qu'elle ait laissé, consignée dans une note sérieuse et sous sa signature, la crainte d'un poignard dirigé traîtreusement par la main d'un général argentin.

---

(1) Cette affirmation du président Mitre est formellement contredite dans un rapport de M. Julio Herrera, nommé par décret secrétaire particulier de l'un des chefs alliés, le général-président Florès, commandant les forces de la république Orientale, M. Herrera dit :

« Dans la répartition des prisonniers, nous en avons eu pour notre part » 1,500. De ce nombre, 450 ont été affectés à former un bataillon que com- » mande Elias; 200 ont été attribués au bataillon *Florida*; et 200 à celui du » *24 avril;* 300 au bataillon Bustamente ; 100 à la cavalerie ; 80 à l'escorte, 80 » aux volontaires de Fidelis, et le reste a été distribué comme assistants. »

Je déclare à Votre Excellence que je ne la crois pas capable d'attenter de semblable manière à ma vie ni à celle d'aucun des autres généraux des armées alliées. Accoutumé à faire cet honneur aux chefs ennemis contre lesquels j'ai eu à combattre, je suis forcé de l'accorder aussi à Votre Excellence.

En conséquence de ce qui est exposé, et en prévision des injustices que peut commettre Votre Excellence, et que me fait pressentir l'esprit de la note à laquelle je réponds, je déclare formellement à Votre Excellence, comme il m'appartient en qualité de général en chef des armées alliées, que la sauvegarde de la vie des Argentins, Brésiliens et Orientaux dont Votre Excellence a pu s'emparer par hasard ou par trahison — et non en lutte ouverte et loyale, dans laquelle Votre Excellence n'a pas eu encore la fortune de s'emparer d'un seul soldat—et des propriétés de ces mêmes personnes qui sont à sa portée, que tout acte que Votre Excellence ou des autorités à ses ordres peuvent commettre en violation des principes reconnus qui sont des lois pour les peuples civilisés, outre les satisfactions et réparations auxquelles il y aurait lieu opportunément, Votre Excellence sera responsable personnellement des mêmes lois qu'elle invoque et établit.

Si, malgré tout, Votre Excellence employait des moyens en désaccord avec ceux reconnus par les lois de la guerre, Votre Excellence se placerait délibérément hors de la pratique et de l'abri de la loi des nations, et autoriserait les pouvoirs alliés à agir ainsi que l'insinue Votre Excellence, car elle manifesterait ainsi l'intention délibérée de rendre plus cruels les maux de la guerre, que les nations alliées ont tâché de diminuer autant qu'il leur a été possible, résolution dans laquelle elles persévèrent et persévéreront, leur volonté ferme et tranquille étant de garder les armes à la main jusqu'à ce qu'elles aient obtenu pleine et très complète réparation de leurs griefs, s'en remettant pour leur vindicte, après la volonté de Dieu, au pouvoir de leurs armes, et non à des vengeances ignobles, exercées contre des femmes et des enfants innocents.

Telle est l'unique réponse qu'il m'est donné de vous adresser, le tout sans préjudice des résolutions qu'en vue de la note de Votre Excellence prendront les gouvernements de la triple alliance, auxquels je la communique, ainsi que cette réponse.

Que Dieu garde Votre Excellence.

BARTHOLOMÉ MITRE.

APPENDICE

(EXTRAITS DE LA PRESSE ANGLAISE ET FRANÇAISE.)

Sous ce titre : *La guerre du Brésil dans la Plata,* on lit dans l'*Evening Star*, de Londres, du 24 octobre 1865 :

« On peut se faire une idée des atrocités commises par les Brésiliens dans leur guerre contre le Paraguay, par les lignes suivantes, qui proviennent d'une source privée et tout à fait indépendante :

« Yatay est un nom qui rappelle un sentiment d'horreur à tous ceux qui » ont vu le champ de bataille après le combat du 17 août. C'était un spectacle » horrible ! Quatorze cents Paraguayens étaient-là, sur le champ de bataille, » sans sépulture, et la plupart d'entre eux avaient les mains liées et leurs » gorges coupées. Comment cela est-il arrivé ? Ils avaient été faits prison- » niers, et, après avoir été désarmés, ils furent égorgés et laissés sur le » champ de bataille, tandis que les plus jeunes d'entre les prisonniers étaient » distribués comme esclaves entre les chefs. Tels sont les faits commis par » les alliés et restés impunis. Les journaux de l'Amérique du Sud contiennent » le récit d'actes de cruautés qui auraient été commis par les troupes para- » guayennes, mais tout ce qui nous arrive émane généralement de sources » brésiliennes, et l'on ne peut accorder que peu de créance à de tels rap- » ports. »

A propos de ce qui se passe dans l'Amérique du Sud, nous signalerons un fait relaté dans une correspondance de Buenos-Ayres publiée par le *Moniteur*. Le Brésil et ses alliés, après une victoire remportée sur les Paraguayens, « ont réparti les prisonniers entre les trois armées victorieuses, qui, suivant la coutume sud-américaine, ont forcé les plus valides à entrer dans leurs rangs.» L'avant-garde orientale, ajoute le correspondant de la feuille officielle, s'est de la sorte grossie d'un bataillon paraguayen, commandé par des officiers montévidéens ; mais les services qu'on peut attendre de ces soldats condamnés à marcher contre leur propre patrie paraissent douteux. Nous sommes pleinement, à cet égard, de l'avis du correspondant du *Moniteur ;* nous demanderons seulement si une telle coutume, puisque coutume il y a, n'est pas plus digne des Iroquois ou des Apaches que de peuples qui se prétendent civilisés.

(*Journal des Débats* du 9 novembre 1865).

Il nous arrive de l'Amérique du Sud une nouvelle à laquelle, pour l'honneur de l'humanité, nous ne voudrions pas croire, et pourtant le doute n'est guère permis. Lors de la capitulation d'Uruguayana, les alliés vainqueurs se partagèrent les soldats de l'armée vaincue et les incorporèrent dans leurs rangs, forçant ainsi ces malheureux à servir contre leur propre patrie. Ce fait, rapporté par toute la presse, n'a pas été démenti. Ce qu'on raconte aujourd'hui est encore plus grave.

1,600 prisonniers environ restaient après la répartition dont nous avons parlé. Que sont-ils devenus? Un journal de Buenos-Ayres, *El Pueblo,* d'autant moins suspect qu'il est favorable à la triple alliance, va nous l'apprendre, et voici ce que nous copions textuellement dans le rapport du colenel oriental Palleja : « Lorsque les cavaliers de Rio-Grande virent que la reddition s'effectuait, ils se précipitèrent vers les murs de la place. Là, chacun d'eux s'empara d'un *Paraguayito,* le força de monter en croupe derrière lui, et le conduisit au camp. On n'a jamais vu plus grand désordre; il fallait ou donner des coups de baïonnette aux cavaliers brésiliens, ou les laisser faire. » C'est, paraît-il, à ce dernier parti que s'arrêtèrent leurs chefs. *El Pueblo* ajoute que ces malheureux Paraguayens n'évitaient le sort des autres prisonniers enrôlés de force dans les armées ennemies que pour tomber dans un affreux esclavage. Ne se croirait-on pas revenu aux temps barbares de la guerre antique où la personne du vaincu devenait la propriété du vainqueur? C'est l'esclavage des blancs, plus horrible encore peut-être que celui des noirs, restauré au milieu de ce dix-neuvième siécle si fier de sa civilisation, par des armées qui se disent chrétiennes, et sous les yeux d'un empereur et de deux présidents de république. Ce fait odieux pourra-t-il être sérieusement démenti? Nous le désirons beaucoup plus que nous n'osons l'espérer.

(*Journal des Débats* du 11 décembre 1865.)

Le public européen suit d'un regard très-distrait les péripéties de la lutte qui s'est engagée entre le Paraguay et le Brésil. Les questions qui se débattent sur les bords de la Plata n'en sont pas moins d'une haute importance. Il s'agit, au fond, du triomphe ou de la ruine de la forme républicaine dans cette partie de l'Amérique ; il s'agit en même temps du maintien ou de la suppression de l'esclavage au Brésil ; car nul doute que le Paraguay vainqueur n'imposât au gouvernement de Rio-Janeiro l'émancipation immédiate ou graduelle des noirs et des mulâtres.

Nos sympathies dans cette guère ne sauraient donc être du côté du Brésil, car la cause de la liberté est sacrée à nos yeux, et nous la soutenons avec persistance, en deçà comme au delà de l'Atlantique.

Nous n'avons pas à nous préoccuper ici de la manière dont le gouvernement impérial de Rio-Janeiro comprend la liberté politique; mais nous trouvons dans le *Moniteur* un passage qui nous permet d'apprécier quel respect on a au Brésil pour la liberté individuelle. Le journal officiel s'exprime en ces termes :

« Les prisonniers faits à Uruguayana (1) ont été répartis entre les trois armées victorieuses, qui, suivant la coutume sud-américaine, ont forcé les plus valides à entrer dans leurs rangs. L'avant-garde orientale s'est de la sorte grossie d'un bataillon paraguayen, commandé par des officiers montévidéens, mais les services qu'on peut attendre de ces soldats condamnés à marcher contre leur propre patrie paraissent douteux.

» Un grand nombre de ces prisonniers, les plus jeunes surtout (los Paraguayitos), ont été transportés dans l'intérieur de la province brésilienne de Rio-Grande. »

Il y a dans ce partage deux faits d'une haute gravité, que nous allons commenter tour à tour.

Et d'abord, contre tous les usages de la guerre entre nations civilisées, et — quoi qu'en dise le *Moniteur*, — contre les usages mêmes des Américains, nous voyons les Brésiliens, les Argentins et les Orientaux, après s'être partagé les prisonniers comme un troupeau, forcer les plus valides à entrer dans leurs rangs.

Cet acte, à notre avis, est odieux, il outre-passe tous les priviléges accordés au vainqueur par le droit actuel de la guerre. — Qu'on use, suivant les circonstances, de rigueur envers les prisonniers, on peut le comprendre; mais qu'on les force à tourner leurs armes contre leur patrie, contre leurs parents, contre leurs amis, c'est un crime de lèse-humanité. Le *Moniteur* lui-même l'a fait entendre incidemment, et le *Journal des Débats*, qui a toujours défendu les intérêts brésiliens, n'a pu s'empêcher de stigmatiser cet acte barbare en disant « qu'*il est plus digne des Iroquois ou des Apaches que des peuples qui se prétendent civilisés.* »

Passons au second fait. Les plus jeunes, parmi les prisonniers, ont été transportés, dit le *Moniteur*, dans la province de Rio-Grande.

Rien de plus simple, en apparence, mais qu'a-t-on fait de ces prisonniers? Ce qu'on en a fait? on n'a rien trouvé de plus naturel que de les assimiler aux esclaves qui cultivent la terre au profit des planteurs.

Cette nouvelle nous était arrivée de diverses sources; mais nous hésitions encore; nous ne voulions pas croire à un si grave abus des droits de la guerre, à un pareil mépris des droits de l'homme, lorsqu'on a mis sous nos yeux le passage suivant du *Diario do Rio de Janeiro*, du 14 octobre.

« Un NOUVEL ENVOI de cinq jeunes Paraguayens vient d'arriver à Sant'Anna de Livromento, pour être *donnés* un à M. Francisco Pinto do Fontoura Barreto, un autre au lieutenant Cypriano da Costa Ferreira, le troisième au capi-

---

(1) Uruguayana est une ville de la province de Rio-Grande-do-Sul, dont la garnison paraguayenne, manquant de tout, a été forcée de se rendre à l'armée alliée, composée de troupes brésiliennes, argentines et orientales.

taine Antonio Mendez de Oliveira, et les deux autres à M. Antonio Thomas Martins. Ces deux derniers avaient précédemment été adressés, l'un à Saint-Gabriel, l'autre à Pelotas, pour être *donnés* au senhor Galignano. »

Le Brésil voudrait-il donc nous faire rétrograder jusqu'à l'époque où l'on en vint à remplacer le massacre en masse des prisonniers de guerre par le travail servile? Des actes de cette nature ne sauraient manquer de produire en Europe une émotion profonde. Le gouvernement brésilien voudra se disculper. Nous attendons avec impatience et ses explications et les éclaircissements que les Européens établis dans cette partie de l'Amérique adresseront eux-mêmes aux journaux de notre continent.

(*Opinion nationale* du 21 novembre 1865.)

Nous avons protesté l'autre jour contre l'incorporation forcée des prisonniers paraguayens dans l'armée brésilienne. C'est là, en effet, un acte qui répugne profondément à la nature humaine et qu'on peut appeler une violation barbare des principes les plus élevés de la dignité humaine et de la liberté morale.

Les Brésiliens, en entrant dans cette voie mauvaise, ont dû persévérer jusqu'au bout. La violence amène la violence. Les prisonniers paraguayens ont profité naturellement de toutes les occasions pour se sauver, afin d'échapper à la nécessité terrible de tirer sur leurs amis, sur leurs parents, sur leurs concitoyens. Les Brésiliens de leur côté fusillent impitoyablement tous les *déserteurs* paraguayens qu'ils peuvent reprendre, officiers et soldats, indistinctement.

Nous empruntons ces faits déplorables à une lettre adressée par le colonel argentin Palleja aux journaux de Buenos-Ayres. Le public les appréciera certainement comme nous.

(*Opinion nationale* du 7 décembre 1865.)

Hier nous avons signalé à l'indignation publique la conduite des Brésiliens qui enrôlent dans leurs rangs les prisonniers paraguayens, les forcent à combattre contre leur patrie et les fusillent sur le moindre soupçon de désertion, c'est-à-dire de retour au drapeau national.

Aujourd'hui, d'après *el Pueblo* de Buenos-Ayres, journal qui ne peut être suspect de sympathie pour le Paraguay, un fait encore plus extraordinaire, que nous avons indiqué sous toutes réserves, se trouve confirmé.

Des prisonniers ont été réduits en esclavage par les Brésiliens.

Le journal argentin cite un extrait de la presse montévidéenne. Nous y lisons :

« On ne parle de rien moins que de 1,500 soldats paraguayens qui ont été
» remis aux citoyens brésiliens pour *leur service particulier*.

» On sait ce que signifie au Brésil le service particulier. *C'est l'esclavage*
» *qui a été la récompense de ces infortunés, enrôlés dans la croisade de la rédemp-*
» *tion.* »

Les Paraguayens avaient envahi le Brésil pour y effacer l'esclavage.

Ils y ont rencontré le vieux droit de la guerre, qui n'accordait la vie aux prisonniers qu'à la condition de leur enlever la liberté personnelle.

Ce fait inouï est confirmé par le *Pueblo* de Buenos-Ayres, qui cite des lettres conformes émanant d'une autorité irréfutable, celle du colonel argentin Palleja.

Reconnaîtra-t-on maintenant que le Paraguay défend contre le Brésil esclavagiste la même cause que le Chili contre l'Espagne esclavagiste ?

(*Opinion nationale* du 8 décembre 1865.)

El Pueblo, de Buenos-Ayres, journal favorable au Brésil, ne peut retenir son indignation à propos des actes abominables qui se sont commis après la reddition d'Uruguayana. Voici les faits tels que nous les trouvons dans le rapport officiel du colonel oriental Palleja :

L'armée d'Estigarribia comptait, le jour de la capitulation, un effectif de 5,530 hommes, qui furent incorporés par tiers dans les forces alliées : 1,300 Paraguayens dans chaque corps allié, soit un total de 3,900 hommes. Pour atteindre le nombre ci-dessus de 5,530, il reste un chiffre de 1,630 individus que le Brésil s'est attribués pour en disposer à son gré.

Nous copions textuellement les lignes suivantes au rapport du colonel oriental :

« Lorsque les cavaliers de Rio-Grande virent que la reddition s'effectuait, ils se précipitèrent vers la place, et chacun d'eux s'empara d'un *Paraguayito*, qu'il fit monter en croupe derrière lui, et qu'il força ainsi de le suivre au camp. On n'a jamais vu un pareil désordre. Il fallait ou donner des coups de baïonnettes ou bien les laisser faire. »

C'est à ce parti que se sont arrêtés les généraux alliés.

Voilà comment le Brésil, Buenos-Ayres et Montévidéo représentent dans cette guerre les soldats de la liberté et de la civilisation !

(*Le Siècle* du 13 décembre 1865.)

Divers journaux de la Plata, dont on ne peut suspecter le témoignage, car ils sont favorables à la ligue conclue contre le Paraguay entre le Brésil et les républiques platéennes, *El Pueblo*, de Buenos-Ayres, entre autres, rapportent avec une juste indignation un fait qui avait déja transpiré, mais auquel, pour l'honneur de l'humanité, nous nous étions refusé de croire : il s'agit de la réduction d'un certain nombre de captifs paraguayens en servitude par les soldats de l'empire brésilien. On sait qu'après la capitulation d'Uruguayana les armées de la triple alliance s'étaient partagé les prisonniers, que chaque armée en avait eu 1,300, soit 3,900, et l'on a même assuré qu'aussitôt après ces malheureux avaient été incorporés dans les rangs de leurs ennemis. Or, les rapports officiels portent à 5,530 le nombre des soldats du Paraguay qui avaient capitulé avec leur chef Estigarribia. Que sont devenus les 1,630 prisonniers qui forment la différence entre les deux chiffres ci-dessus ? Les gens du Brésil se les sont, à ce qu'il paraît, appropriés, et voici, d'après le dire textuel d'un officier des armées victorieuses, le colonel Palleja, de la Bande Orientale, comment se seraient passées les choses :

« Lorsque, dit le colonel, la capitulation fut un fait accompli, les cavaliers de Rio-Grande s'élancèrent, et chacun d'eux s'empara d'un *paraguayito*, qu'il força à monter en croupe derrière lui, et qu'il conduisit au camp. »

Le colonel Palleja ajoute :

« On n'avait jamais vu un pareil désordre. Il fallait ou donner des coups de baïonnette aux cavaliers ou les laisser faire. »

Ce fut à ce dernier parti qu'on s'arrêta. Quelque opinion qu'on ait des causes de la guerre qui sévit sur les bords du Parana et de l'Uruguay, on ne peut que flétrir des actes aussi odieux.

(*Le Temps* du 10 décembre 1865.)

La guerre continue à désoler les rives de la Plata et elle prend chaque jour un caractère, nous ne dirons pas sauvage, mais incivilisé tout au moins. Ce qui mérite d'être signalé surtout à l'attention de l'Europe, c'est cette circonstance que, dans cette guerre, ce sont les belligérants dont on vante le plus haut degré de civilisation relative qui se montrent les plus barbares.

Nous voulons parler du Brésil, qui paraît même se faire une sorte de point d'émulation de dépasser ses alliés, et l'on sait cependant ce qu'on peut attendre de la loyauté et de l'humanité d'alliés comme Florés et Mitre.

Car ils sont trois contre un dans la Plata, et l'on y voit le Brésil, la République orientale et la République argentine ligués pour combattre le Paraguay qui, lui, combat pour la libre navigation du fleuve, alors que chacun des alliés voudrait confisquer cette navigation à son profit. C'est à la France et à l'Angleterre à veiller, elles qui ont un si grand intérêt à maintenir la liberté de navigation.

Dernièrement, un petit corps de cinq mille Paraguayens ont capitulé dans Uruguayana. Ils étaient prisonniers d'après les lois de la guerre, et devaient être respectés à ce titre ; mais le Brésil et ses alliés ne connaissent pas ces lois. Après délibération, ils résolurent de se partager les prisonniers, comme ils se seraient partagé, un troupeau de bétail, et, le partage fait, ils les ont de force incorporés dans les rangs de leurs soldats, les obligeant à combattre leur patrie, non sans leur signifier que si l'un d'entre eux refusait de tirer sur ses concitoyens, il serait à l'instant même fusillé.

(*Gazette de France* du 14 décembre 1865.)

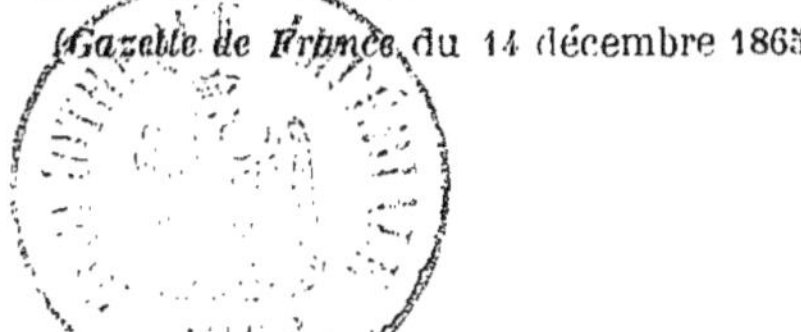

Paris.— Imprimerie de Dubuisson et Cᵉ, rue Coq-Héron, 5.

www.ingramcontent.com/pod-product-compliance
Lightning Source LLC
LaVergne TN
LVHW020507230826
846091LV00008BA/3379

* 9 7 8 2 0 1 6 1 2 4 0 7 9 *